Opus 76

Fritz Barth
Cannstatter Straße 84
Fellbach

**mit Texten von Thomas Hettche
und Gerhart Schröder
sowie einem Gespräch zwischen
Fritz Barth und Amber Sayah**

Photographien von Fritz Barth

**with essays by Thomas Hettche
and Gerhart Schröder
and a conversation between
Fritz Barth and Amber Sayah**

Photographs by Fritz Barth

Edition Axel Menges

Herausgeber / Editor: Axel Menges

ISBN 978-3-932565-76-2

Druck und Bindearbeiten / Printing and binding: Graspo CZ, a. s., Zlín, Tschechische Republik / Czech Republic

Übersetzung ins Englische / Translation into English: Michael Robinson

Gestaltung / Design: Fritz Barth

Inhalt

Contents

Thomas Hettche

Grande Complication

Wir möblieren unsere Welt. Diejenige, die uns umgibt, ebenso wie jene, die in uns ist. In beiden sind wir gleichermaßen gefangen. Und beider Gestaltung ist alternativlos, denke ich, und drehe das Weinglas am Stiel über dem Tisch. Ein besonderes Weinglas und ein besonderer Tisch. Für wen? Für niemanden als für Fritz Barth, der diesen Tisch einmal zu einem bestimmten Anlaß für seine Eltern gebaut hat. Dieser Tisch möbliert eine Welt, die ich nicht kenne. Doch indem ich an ihm sitze, sitze ich zugleich auch an jenem anderen Tisch, von dem ich sagen würde, daß ich ihn nicht einmal sehen kann. »Was sind das für Gläser, Fritz?«

»Lobmeyr, Strohglas, nach einem Entwurf von 1850. Sozusagen die Idee des Glases. Mir gefällt, daß man die nicht weiter reduzieren kann. «

»Warum?«

»Mich interessieren Dinge, die sich gegen das sträuben, was man Design nennt. Der junge Le Corbusier war der Meinung, nicht-entfremdete Gegenstände, also solche, die mit sich selbst übereinstimmen, seien in der anonymen Industrieproduktion zu finden. Und das stimmte auch. Türklinken zum Beispiel. Es ist noch nicht lange her, da konntest du, wenn du eine gute Türklinke wolltest, praktisch bei jedem Hersteller die billigste kaufen, denn der unsinnige Glaube, die Dinge müßten mit Designmehrwert aufgewertet werden, tobte sich im Hochpreissegment aus. In der Regel hatte den billigsten Türgriff dagegen jemand gestaltet, der nie auf die Idee gekommen wäre, sich Designer zu nennen, sondern der war vielleicht Werkmeister und wußte, wie der Werkstoff sich verhält, kannte seine Maschinen und was man mit ihnen herstellen konnte, war sich über die Funktion im klaren und hatte also Formgefühl. Design ist dagegen etwas, das sich dem Gegenstand anheften will, und das hat sich inzwischen durchgefressen durch die Dingwelt und längst auch die sozusagen tugendhaften Gegenstände erreicht.«

»Der tugendhafte Werkmeister. Ist das schwäbische Mystik?«

»Du meinst so einen handwerklichen Pietismus?«

»Hm.«

»Kann schon sein. Ich würde zwar nicht sagen, daß ich in der schwäbisch-pietistischen Tradition stehe, aber Fellbach ist ja eine der Hochburgen des Pietismus.«

Fellbach. In einem Hinterhof die Zehntscheuer des Bischofs von Konstanz. In einem anderen Hinterhof zwei aufgebockte Karts, an denen Vater und Sohn für ein bevorstehendes Rennen schrauben. All die großzügigen Gärten und Scheunen, die es offensichtlich gegeben hat, längst umgewandelt zu Baugrundstücken in zweiter Reihe, auf denen Neubauten sich in enge Hinterhöfe zwängen, zwischen geteerten Zufahrten und Parkplätzen. Alles Fachwerk unter Putz. Die Weingüter, die auf diesen Putzfassaden mit Gründungsdaten im siebzehnten oder gar sechzehnten Jahrhundert werben, allesamt auf dem Renovierungsstand der siebziger Jahre: Verbundpflaster, aufgesetzte Rolládenkästen, schwere Haustüren mit bunter Glasornamentik und Garagen mit automatischen Rolltoren.

Es ist von Bedeutung, daß sich das Haus von Fritz Barth inmitten einer solchen Agglomeration befindet. Es tut dies, weil hier der Zimmerplatz des Vaters und des Großvaters war – und davor: Acker. Und weil er, seit er mit zwölf ein Zeichenbrett geschenkt bekam, für diesen Ort Pläne entworfen hat. Erkennbar zielte die konstruktive Kreativität des Architekten Barth beim Entwurf seines Hauses darauf, eigene Vorstellungen vom Wohnen mit den Zudringlichkeiten des Ortes auszubalancieren. Da ist die Brandschutzwand in Richtung Süden, die das Haus auf ganzer Länge fensterlos und dachhoch abschließt. An den Schmalseiten distanziert im Westen ein Ladengeschäft und im Osten eine Wohnung, beide vermietet, das Haus von den Straßen, zwischen denen es liegt. Und im Norden fängt der Garten mit einem halben Dutzend Birken und einer Wandelhalle den Blick. Seltsam, daß man trotz all dieser Bemühungen vom Schreibtisch des Arbeitszimmers durch das Drahtgeflecht der Einzäunung direkt auf die Cannstatter Straße sieht. Am Sonntag mustern neugierige Passanten den Hausherrn, und er mustert sie.

Man muß sich die *Grande Complication* dieses Ortes wohl als Fritz Barths intellektuelles Vergnügen vorstellen. Die Aufgabe bestand darin, in eine verdichtete schwäbische Großgemeinde weniger einen ästhetischen Solitär als vielmehr ein solitäres Lebenskonzept zu setzen.

»Eigentlich ist es ja ein Einpersonenhaus.«

»Mit 350 qm Wohnfläche?«

»Ja.«

»Eine Junggesellenmaschine?«

»Wenn man so will.«

Man könnte auch sagen: Die ebenso unaufgeregte wie konsequente Ausrichtung des Hauses nach innen setzt sich in diesem Inneren selbst fort, ja radikalisiert sich dort. Fritz Barths *Unité d'habitation* ist insofern tatsächlich Maschine, als sie keinen Gegensatz von Oberfläche und Funktion, von Erleben und Leben anerkennt. Das meint viel mehr und etwas anderes als nur, daß dieses Haus eine Maßanfertigung für seinen Besitzer wäre. Ein Indiz dafür ist, daß es kein Gästezimmer gibt. Ja, vor dem Kamin nicht einmal einen zweiten Sessel. Und auch die Tatsache, daß die Bücher unsichtbar in Wandschränken verstaut sind wie alle anderen Dinge des täglichen Gebrauchs, macht deutlich, daß dieses Haus nicht auf herkömmliche Weise gastfreundlich ist. Was bei einem Hausherrn verwundert, der höflich und zuvorkommend wie wenige ist und berühmt für seine Einladungen, bei denen er seine Gäste mit großer Leidenschaft bekocht.

Doch da der Raum des Miteinanders auf so auffällige Weise beschränkt ist, bleibt den Gästen des gastfreien Fritz Barth nicht viel anderes übrig, als sich in dieses Haus mit seinem hohen Grad an Spezifik, an detailliert vorgegebener Nutzbarkeit sozusagen einzupassen und damit die Stelle des Hausherrn selbst einzunehmen, was insofern leichtfällt, als man nicht den Eindruck hat, in diesem Haus werde etwas zurück- oder einer Exklusivität vorbehalten. Ganz im Gegenteil überläßt Fritz Barth einem den Sessel vor dem Kamin, den Deckchair im Garten, das Sofa im Kino, den Platz am Flügel offenbar gern und hochinteressiert. Selbst vom Eßtisch kann man nicht sagen, daß es ihn gäbe, damit dort ein Dutzend Menschen Platz findet. Die Sammlung der unterschiedlichen Stühle gemahnt wie alles in diesem Haus daran, daß wir in unserem Erleben allein sind, und sei es eben in den grundverschiedenen Sitzerfahrungen, die jede Gruppe im selben Moment vereinzelt, in dem sie sich setzt.

Derlei Erfahrungen seiner Gäste sind für Fritz Barth schon deshalb nicht trivial, weil sie ein Echo seiner eigenen sind. Für ihn ist Architektur Erkenntnisinstrument,

Thomas Hettche
Grande Complication

We furnish our world – both the world around us and the world within us. We could be said to be trapped in both. Lifting the wineglass from the table and turning its stem in my hand, I reflect that there are no alternatives in the design of either. A special wineglass and a special table. For whom? For no-one but Fritz Barth, who once built this table for his parents for a special occasion. This table is a furnishing for a world that I do not know. And yet by sitting at it, I am also sitting at the other table that I would say I cannot even see. »What kind of glasses are these, Fritz?«

»Lobmeyr, *Strohglas**, based on a design from 1850. The idea of the glass, so to speak. I like the fact that it can't be further reduced.«

»Why?«

I'm interested in things that resist what is called design. As a young man, Le Corbusier believed that non-alienated objects – objects that are in accordance with themselves – could be found in anonymous industrial production. He was right. Door handles, for instance. Not long ago, if you wanted a good door handle, you could safely buy the cheapest model from almost any manufacturer, because the nonsensical belief that things had to have added design value was confined to the luxury market. Generally the cheapest door handle would have been designed by someone who wouldn't think of himself as a designer – a factory foreman who knew the properties of the materials, knew the machinery and what you could make with it, understood a door handle's function and had a feeling for shapes. »Design«, on the other hand, is an ideology that tries to co-opt the object, and this ideology has gradually permeated every sort of object until it has reached what you might call the virtuous objects.«

»The honest master-workman. Is that a Swabian mysticism?«

»You mean a kind of craftsmanship pietism?«

»Hm.«

»Perhaps. I wouldn't describe myself as part of the Swabian-Pietist tradition, but Fellbach is a stronghold of pietism.«

Fellbach. In a backyard the tithe barn of the bishop of Constance. In another backyard, two raised go-karts, which father and son are tightening up for an upcoming run. All the generous gardens and barns that had clearly been there once have now been turned into second-row plots where new buildings are squeezed into narrow backyards, between tarmac drives and parking spaces. All the timber framework is covered by stucco. On these stucco façades are the names of wineries founded in the seventeenth and even sixteenth centuries, all in the same state of renovation as in the seventies: compound stucco, roller shutter units, heavy house doors with coloured glass and garages with automatic roller doors.

It is of importance that Fritz Barth's house is located in the midst of one of these agglomerations. It is here because his father and grandfather worked timber here. Before that, it was farmland. Ever since he was given a drawing board at the age of twelve, he has been drawing up plans for this place. Evidently the constructive creativity of Barth the architect in designing his house was directed towards balancing his own idea of living with the intrusiveness of the location. For instance, there is the fire protection wall to the south, shielding the whole length of the house to the height of the roof. The house is distanced from the roads on either side of it by a shop to the west and a home to the east, both of which are rented. To the north, the garden catches the view with its half dozen birches and covered walk. It is strange that in spite of all this effort the Cannstatter Straße can directly be seen from the writing desk in the study through the wire of the fence. On Sunday, curious passers-by look in on the master of the house, and he returns their look.

In all probability, one has to imagine the *Grande Complication* of this place as an intellectual delight for Fritz Barth. His task was to create not so much an aesthetic solitaire as a solitaire design for living in a densely built-up large Swabian community.

»It is really a single-person house.«

»With 350 sqm of living space?«

»Yes.«

»A bachelor machine?«

»If you like.«

You could also say that the consistent, unpretentious way the house is orientated towards its interior continues in this very interior, where it actually radicalises itself. Fritz Barth's *Unité d'habitation* is indeed a machine in that it recognises no distinction between surface and function, experience and living. This means a great deal more – and something else – than that the house was built to fit its owner. One clue to this is that there are no guest rooms. There is not even a second armchair by the fireplace. The way the books are stored out of sight in wall cupboards like all the other everyday items also shows that this is not a hospitable house in the traditional sense. This is surprising given how courteous and considerate the master of the house is. He is famous for inviting guests to his house, and for the enthusiasm with which he cooks for them.

With the communal space so strikingly restricted, the hospitable Fritz Barth's guests have hardly any other choice but to adapt themselves to this house with its high degree of specificity and usability, thought out in detail, and so occupy the position of the master of the house – which is made easier by the impression that nothing in this house is held back or reserved to exclusiveness. On the contrary, Fritz Barth is only too happy to let anyone use the armchair by the fire, the deckchair in the garden, the sofa in the cinema or the place at the grand piano. You couldn't even describe the dining table as a place for a dozen people to sit together. Like everything else in this house, the assortment of different chairs reminds us that we are alone in our experience, down to the entirely different perceptions of sitting which separate every group the very moment it seats itself.

For Fritz Barth, these experiences on the part of his guests are not trivial because they echo his own. For him, architecture is an instrument of cognition, and as an architect his *idée fixe* is that cognition is concealed in irritation, in the relationship of error and order (about which he once wrote a profound essay), and also that one has to try and achieve this cognition through all the senses. This is what he found so interesting about the Villa Giulia in Rome, where with each step the visitor gets

* »Straw glass«, so called because of the thinness of the wineglass stem (translater's note).

und es ist geradezu die *idée fixe* dieses Architekten, daß Erkenntnis sich in der Irritation verberge, im Verhältnis von Fehler und Ordnung, über das er einmal einen hintergründigen Aufsatz geschrieben hat, und daß man sich um diese Erkenntnis mit allen Sinnen zu bemühen habe. Das hat ihn an der römischen Villa Giulia interessiert, bei deren Betrachtung der Besucher mit jedem Schritt über den Aufbau der Architektur neu verunsichert wird, das hat ihn zu seiner monographischen Arbeit über den Garten der Villa Lante verführt, und dieses scheinbar freie Spiel der Muster und Sinnfälligkeiten hat er auch in den irrlichternden Stuckperspektiven des böhmischen Barockarchitekten Santini gesucht. Angesichts von dessen Kirchen verfiel Barth auf den für ihn sehr typischen Gedanken, die nichtsprachliche, nichtlineare Komplexität der Architektur werde eigentlich immer nur dann problematisch, wenn man sie sprachlich zu synthetisieren suche.

Dennoch arbeitet selbstverständlich alles an diesem Haus sich an den Grenzen der Sprache ab. Manierismus ist Widerstand durch Überanpassung, der Tanz der ästhetischen Mäuse im Angesicht der Katze Konvention. Doch dieser Widerstand kündigt den Traum von Verbindlichkeit und Verstehen nicht auf. Er entfacht sich, ganz im Gegenteil, an der Trauer über die Unmöglichkeit seiner Verwirklichung. Manierismus ist Ironie aus enttäuschter Liebe, und ein zutiefst manieristischer Bauherr wie Fritz Barth treibt die Übertreibung so weit, daß man sie beinahe nicht mehr sieht. Als wollte er in seiner Architektur aus industriellen Materialien, der Schönheit des Halbzeugs und additiven Gestaltung, mit dieser Camouflage der Nüchternheit tarnen, wie ornamental überschießend die Welt der Anspielungen und Bezüge ist, die sich dahinter verbirgt.

»Wenn es hier Versteckspiele gibt, dann gibt es zweifellos auch welche, die ich mit mir selber spiele.«

»Ach?«

Eigentlich hätte man ein derlei klares Bekenntnis nicht erwartet. Er nickt.

»Ich stelle mich auf der Bühne dieses Hauses dar. Es hat aber eine Doppelfunktion: Es dient mir als Wohnstatt, ist aber auch der Ort, an dem ich mich präsentieren kann.«

»Ist es dann nicht seltsam, daß diese Bühne gar keinen großen Auftritt zuläßt? Es gibt keine Zentralperspektive, die den Blick in ein Zentrum ziehen würde, weil es auch kein Zentrum gibt.«

»Ja, das könnte man als Bescheidenheit auslegen. Ob das so aufrichtig ist: daran habe ich allerdings meine Zweifel. Bin mir aber nicht ganz sicher. Vielleicht ist das auch eine Form von Eitelkeit. Schließlich möchte ich ja erkannt werden. Dieses Haus ist mein Werk. Es ist mein Beruf. Und das ist schließlich die Tätigkeit, von der ich einmal dachte, sie sei nicht nur für mich wichtig, sondern sie habe sogar eine Bedeutung, die über mich hinausgeht.«

Unsere Welt ist gleichermaßen die, die uns umgibt, wie jene, die in uns ist. In beiden sind wir gefangen. Ihre Gestaltung ist alternativlos. Das Faszinierende an der Eingangstür des Hauses von Fritz Barth ist nicht, daß sie sich schon in der väterlichen Zimmerei, also am selben Ort befand, sondern, daß sie einerseits ästhetisch, als Element der Fassade, völlig in den Hintergrund tritt, andererseits aber jedem Besuch geöffnet wird, und daß das jedesmal so ist, als zeichnete die Bewegung des Türblatts wie der Zirkelschlag einer Beschwörung einen Raum auf den Boden. In diesem magischen Kreis steht Fritz Barth, freundlich und neugierig seinem Gast zugewandt und doch, zugleich und noch immer, im Rücken den Zimmerplatz des Vaters.

Oben auf dem Kappelberg flaniert an diesem Sommerabend ein Pärchen junger Russen, das sich für den Abendspaziergang schick gemacht hat, das Mädchen mit kurzem Rock und goldenen Flip-Flops, mit einem richtigen Hemd statt Shirt der junge Mann. Man raucht und umarmt sich, trinkt Red Bull und schaut auf die Stadt hinab, über der ein Sommer wie leuchtender Sirup steht. In der Ferne wirbeln Mähdrescher Staub auf, und die niedrigen Höhen des Schurwalds liegen so golden im Licht der letzten Sonne, daß man meinen könnte, es seien die Albaner Berge. Das russische Mädchen lacht ihr dunkel glucksendes Lachen und läßt dabei die sorgsam geschminkten Augen nicht von ihrem Kavalier, der ihr eine Geschichte erzählt, die immer länger und lustiger wird, je mehr sie sich freut. Auf dem Rückweg nach Fellbach, hinab durch die Weinberge, steht, während es dunkelt, ein ungemein großer und sehr bleicher Mond über ihnen. Kein Auto ist mehr unterwegs und kein Passant außer den beiden. Die meisten der an den Häuserfronten angebrachten Schilder PRIVATPARKPLATZ bewachen Leere.

more disconcerted about the structure of the architecture, this was what led him to write his monograph on the Gardens of the Villa Lante, and he has also tried to find this kind of seemingly random play with patterns and perception in the mazy unsteadiness of Bohemian Baroque architect Santini's stucco perspectives. Barth's approach to these churches was highly characteristic of him: he believed that the non-linguistic, non-linear complexity of the architecture is only problematic when you try to synthesise it in language.

But, of course, everything about this house operates at the limits of language. Mannerism is a kind of resistance through excessive conformity. And the dance of aesthetic mice under the cat-eyes convention. But this kind of resistance does not abandon the dream of general validity and understanding. On the contrary, it arises from sadness at the impossibility of realising it. Mannerism is irony that arises from disappointed love, and a highly mannerist builder like Fritz Barth takes the exaggeration so far that it is almost invisible. As if, in his architecture of industrial materials, the beauty of the half-finished and in additive composition, he wanted with the help of a camouflage of sobriety to conceal the ornamentally luxuriant world of allusions and references that lies behind it.

»If there are hiding games going on here, then I am playing some of them with myself.«

»Really?«

In fact I hadn't expected such a clear admission. He nods.

»This house is the stage I appear on. But it has more than one function. It is my home, but it is also the place where I present myself.«

»In that case, isn't it strange that this »stage« doesn't allow for a grander appearance? There is no central perspective to draw the view into a centre, because there isn't even a centre.«

»Yes, you might call it modesty. Although I have my doubts whether I am truly sincere about that. But I'm not sure. Perhaps it's a kind of vanity. After all, I do want to be recognised. This house is my work. It is my profession. And this is something that I once considered not just important to me but important in a way that went beyond myself.«

Our world is in equal measures the one that surrounds us and the one that is inside us. We are trapped in both. There are no alternatives in their design. The fascinating thing about the front door of Fritz Barth's house is not that it has already been in his father's joinery business, in the same place – it is that as an element of the façade it is part of the background, yet it is opened for every visitor, and that each time this is as if the movement of the door leaf would draw a space on the ground, like the circle of an incantation. Fritz Barth stands within this magic circle, turning towards his guest with friendly curiosity, yet, at the same time, with his father's timber shop still at his back.

A young Russian couple have chosen this summer evening to go for a stroll up on the Kappelberg. They are dressed for the occasion: the girl in a short skirt and golden flip flops and the young man in a proper shirt. They smoke, hug, drink Red Bull and look down on the city below, which the summer engulfs like glowing syrup. In the distance, threshing machines are kicking up dust, and the low rises of the Schurwald lie so golden in the last sunlight that they could be mistaken for the Alban Mountains. The Russian girl laughs her dark, chuckling laugh, not taking her carefully made-up eyes off her suitor who is telling her a story that gets longer and funnier the merrier she gets. An tremendously large and very pale moon hangs over them in the dusk on their way back through the vineyards. There are no cars on the roads and no people apart from the two of them. Most of the signs on the house fronts saying PRIVATE PARKING guard nothing but emptiness.

Wohnen, *verb. regul. neutr.* mit dem Hülfsworte haben, seinen beständigen Aufenthalt an einem Orte haben. 1. Eigentlich. (1) Von dem Orte im weitesten Verstande. In der Stadt, auf dem Lande wohnen. In Afrika, in Rom wohnen. In Höhlen wohnen, auf einem Berge wohnen. Die wilden Thiere wohnen in einsamen Gegenden. (2) In engerer Bedeutung, von dem Gebäude, in welchem man seinen gewöhnlichen, oder beständigen Aufenthalt hat; da es denn sowohl von dem eigenthümlichen, als auch dem gemietheten Aufenthalte gebraucht wird. In einem Pallaste, in einer Hütte wohnen. Bey jemanden wohnen, in dessen Hause. Einem gegen über wohnen. Am Flusse, an der Straße wohnen. Bequem, angenehm, unbequem, schlecht wohnen, eine solche Wohnung haben. Im ersten Stock, hinten aus, unter dem Dache wohnen. Ich weiß ihn wohnen, im gemeinen Leben, ich weiß, wo er wohnt. 2. Figürlich. (1) An einem Orte einheimisch seyn. So sagt man, eine Pflanze wohne in China, wenn sie dort wild wächset. Golderz wohnet in Ungarn, wenn es daselbst häufig gebrochen wird. (2) Sich auf eine beständige Art thätig und gegenwärtig beweisen. Ein Herz, in welchem die Tugend, das Laster wohnt. Es kann keine gute Neigung in einem Herzen wohnen, wo die unmäßige Begierde nach Reichthum herrscht, Gell.

Und lügt die Stirn auch Fröhlichkeit,
So wohnt im Herzen Mißvergnügen, Weisse.

Daher das Wohnen und die Wohnung. S. das letztere im Folgenden besonders.

Anm. Dieses Wort lautet schon von des Kero Zeiten an, *wonan*, im Nieders. wanen, im Engl. *to won*. Es bedeutete ehedem nicht bloß wohnen in dem heutigen Verstande, sondern verharren, bleiben, überhaupt. *Ther wonat in der guati*, der im Guten bleibet, verharret, Ottfried, und im Kero ist *duruhwonan*, verharren, *preservare*. So alt nun dieses Wort auch ist, so lässet es sich doch leicht in seine ersten Bestandtheile auflösen. Das n in der Mitte zeiget, daß es ein Intensivum ist, so wie dehnen, gähnen u.s.f. Die Wurzel ist folglich entweder unser wo, woen, sich an einem Orte befinden, oder auch das veraltete Verbum bauen, welches gleichfalls für wohnen gebraucht wurde, im Kero *puan*, und im Dänischen noch jetzt *boe*. Daß b und w gern in einander übergehen, ist bekannt genug. S. auch 1. Bauen.

Johann Christoph Adelung, *Grammatisch-kritisches Wörterbuch der Hochdeutschen Mundart, mit beständiger Vergleichung der übrigen Mundarten, besonders aber der Oberdeutschen. Vierter Theil, von Seb–Z*, Leipzig 1801.

84·1

Gerhart Schröder

Der Brunnen der Mänaden

Paul Valéry hat in einer Reihe von kurzen Texten eine Gestalt, Monsieur Teste, entworfen, für die sich die Wirklichkeit zur unbegrenzten Flucht des Möglichen weitet. Wahrnehmen und wahrnehmen, wie man wahrnimmt, werden untrennbar. »Le fond de la pensée est pavé de carrefours. – Je veux n'emprunter au monde (visible) que des forces – non des formes, mais de quoi faire des formes.«

Das Haus von Fritz Barth ist so etwas wie der Traum der möglichen Architektur: die Geborgenheit der Höhle, die Öffnung auf die Welt, das Feuer als Mittelpunkt des Hauses; der Kamin ist seine Inszenierung. Das Haus öffnet sich auf den Garten, den ein erhöhter Säulengang teilt. Die Erhöhung gibt ihm den Aspekt der *skene* des antiken Theaters. Hier liegt die Wasserstelle, ein weiteres Grundelement neben dem Feuer, fließendes und stehendes Wasser.

Der Raum bildet sich als ein Spiel mit den Elementen und Orten, die das Wohnen im Lauf der Geschichte der Menschheit entwickelte, und vor allem im Spiel mit einer seiner vollkommensten Formen, dem Dispositiv der Villa der italienischen Renaissance. Die Villa des Cinquecento entfaltet sich in einem Spiel der Wahrnehmung, im Zeigen und Verbergen. Ihr Modell ist das Theater. Sie ist sowohl Bühne für den Bewohner wie Selbstinszenierung der architektonischen Formen. Das Haus von Fritz Barth hat auf eine souveräne und subtile Weise etwas von einem Theater, mehr als man auf den ersten Blick merkt.

Fritz Barth hat eine Monographie über die Villa Lante geschrieben, die man als ein symbolisches Welttheater betrachten kann. Das Haus von Fritz Barth ist so etwas wie ein Architekturtheater.

Die Gartenanlage der Villa Lante nimmt ihren Anfang am oberen Ende in der Fontana del Diluvio und den Loggie delle Muse, von denen das Wasser nach unten strömt, ein Verweis auf den Parnaß. Das Wasserbecken der Villa von Fritz Barth ist auf die vom Haus abgewandte Seite gelegt – ein Umkehrspiel mit der Konvention, oder ein verstecktes Spiel mit der Anlage der Villa Lante, denn der Wandelgang kann als ein fernes Echo auf Musenloggie und Parnaß gesehen werden.

Die sechs Medaillons von Olaf Metzel, auf der Innenseite des Wandelgangs, die dem Haus zugewandt ist, sind nicht angefügt, sondern in eins mit der Betonwand gegossen. Der Thyrsosstab läßt die Frauen als Mänaden erkennen. Olaf Metzel hat dazu Gipsabgüsse von Medaillons von Thorwaldsen verwendet und überarbeitet. Die Medaillons von Thorwaldsen sind ihrerseits Nachbildungen hellenistischer Reliefs.

Olaf Metzels Arbeiten ist, so unterschiedlich sie sonst sind, eines gemeinsam, die Aufmerksamkeit und Sensibilität gegenüber den Räumen, für die sie bestimmt sind, genauer, die Zeitlichkeit dieser Räume. Sie entwickeln sich daraus. Das gilt für die öffentlichen Arbeiten wie für die ›privaten‹ – aber dies ist ein Unterschied, der für Olaf Metzel letztlich nicht existiert, da alles seinen nicht wiederholbaren Moment in der Geschichte hat. So ist die »Eichenlaubstudie« im Ambiente des Jenischhauses in Hamburg eine Attacke voller Sarkasmus auf den geschichtslosen Gipssynkretismus des bürgerlichen Interieurs des 19. Jahrhunderts.

Eine Arbeit mit Gipskopien auch hier. Die Konstellation ist aber eine ganz andere. Die Gipsabgüsse griechischer Mänaden gehören zum ästhetischen Treibgut des 19. Jahrhunderts. Aber ein solcher Abguß hing auch überm Schreibtisch von Freud, die Gradiva, und man kennt die obsessionelle Bedeutung, die »la ninfa« für Aby Warburg hatte, eine Gestalt von Ghirlandaio, die ihr Vorbild in einem hellenistischen Relief hat. Sie wird für Warburg zum Muster des Nachlebens der Antike. In den Entwürfen für den Mnemosyne-Atlas stellt Warburg »la ninfa« neben Mänaden mit einem Dolch in der Hand, Judith mit dem Haupt von Holofernes, Medusa – Varianten dessen, was er als Fortleben einer Pathosformel untersucht. Mänaden, Musen, Nymphen sind unverläßliche, mehrdeutige Gestalten, kulturelles Treibgut mit einem nicht berechenbaren subversiven Potential.

Betritt man den Wandelgang vom Westen her, so bieten sich die sechs Medaillons als eine zeitliche Folge: die erste Frauengestalt ist fast ganz durch den aufgetragenen Gips verdeckt, in dem man den Faltenwurf von Stoffen sehen kann. Auf sie folgt eine Gestalt mit hochgehobenem Schleier, die durch die kleinen Muscheln, auf denen sie tanzt, sich als eine ironische Variante der Venus Anadyomene von Botticelli darstellt, ähnlich wie die dritte Frauengestalt, bei der die Fächer die Winde ersetzen, die Venus trocknen. Der ekstatische Tanz der Mänaden findet seinen Abschluß im Begräbnis unter den Kronkorken, im Dunst eines Biergartens.

Auftauchen der Gestalt aus dem Ungestalten, Parodie der Geburt der Venus, Mänadenekstase und Bierkampf, hier verwickeln sich die Zeiten und Stilebenen. Hinzu kommen die Veränderungen der Thorwaldsenschen Reliefs, teils durch Wegnehmen, teils durch Hinzufügen von Gips, und durch Einschnitte mit der Trennscheibe. Verfahren, die Olaf Metzel auch in anderen Arbeiten anwendet. In der »Eichenlaubstudie« machen diese Eingriffe die Brüchigkeit und Banalität einer Tradition sichtbar, die sich hinter dem Schein der schönen Gestalt verbirgt. Man kann mit der Trennscheibe auch anders verfahren: die Einschnitte in die Medaillons folgen, man möchte sagen, fast liebevoll, der Bewegung der Frauengestalten. Die Schnitte im dritten Medaillon wirken wie der Wind, den die Fächer erzeugen, die Einschnitte in die tanzenden Mänaden markieren die ekstatische Bewegung. In die Zerstörung des Rahmens und der schönen Gestalt, die die historische Distanz markiert, mischt sich der Einschnitt als eine Berührung, die unter die Oberfläche geht. Olaf Metzel: »Jeder Beginn ist Akt der Zerstörung, gerade das, was man liebt, muß man zerstören, um beginnen zu können.«

Der Mensch ist ein Tier, das beginnen kann. Er wird in eine Kultur hineingeboren, die ihn ermöglicht; er muß sie zerstören, um beginnen und leben zu können.

So kann man die Eingriffe von Olaf Metzel in die Reliefs als Akt einer Zerstörung sehen, die eher das Beginnen meint, Scheiden, Unterscheiden – und sie wären auf der Ebene des Herstellens, was die Geburt der Venus als Mythos erzählt.

Folgt man diesen Gedanken, kommt man auf das Gewebe von Verfahren, Beziehungen und Gedanken, das das Haus von Fritz Barth ist.

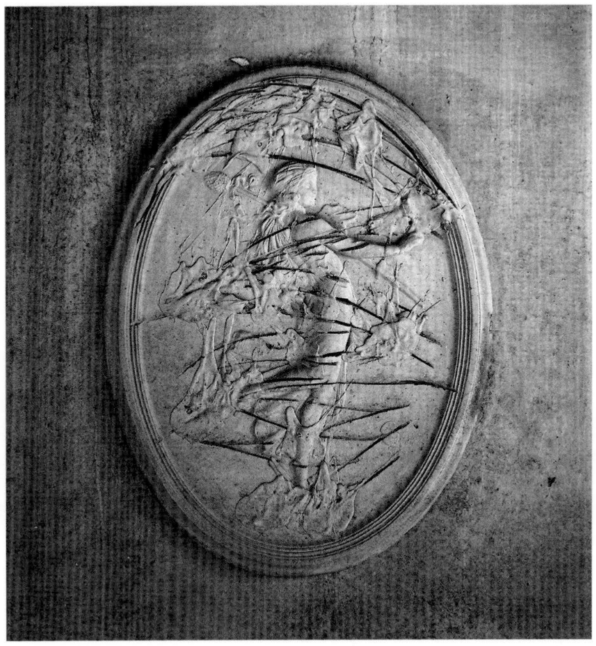

Gerhart Schröder

The Maenads' fountain

Paul Valéry created a figure in a series of short texts, Monsieur Teste, for whom reality opened up into an unlimited run of possibilities. Perceiving and perceiving how one perceives become inseparable. »Le fond de la pensée est pavé de carrefours. – Je veux n'emprunter au monde (visible) que des forces – non des formes, mais de de quoi faire des formes.«

Fritz Barth's house is something like a dream of possible architecture: the security of the cave, the opening on to the world, the fire as the central point in the house; the fireplace is its staging. The house opens up on to the garden, which is divided by a raised colonnade. This elevation gives it the look of the *skene* in the Greek theatre. Here is the water, another basic element alongside fire, running and standing.

The space forms itself as a game with elements and places that housing has developed in the course of the history of humanity, and above all as a game with one of its most perfect forms, the device that is the Italian Renaissance villa. The cinquecento villa develops in a game with perception, with showing and concealing. It is modelled on the theatre. It is both a stage for the residents and an opportunity for architectural forms to present themselves. Fritz Bath's house conveys a sovereign and subtle sense of theatre, more than one notices at a first glance.

Fritz Barth has written a monograph about the Villa Lante, which can be seen as a symbolic world theatre. Fritz Barth's house is something like an architecture theatre.

The gardens of the Villa Lante start at the top end with the Fontana del Diluvio and the Loggio dello Muso, from which the water flows down, an allusion to Parnassus. The water basin at Fritz Barth's villa is placed on the side facing away from the house – a reversal of convention or a hidden game with the gardens of the Villa Lante, as the covered walk can be seen as a distant echo of the Loggie delle Muse and Parnassus.

Olaf Metzel's six medallions, on the inside of the covered walk, which faces the house, are not additions, but were cast as one with the concrete wall. The thyrsos staff identifies the women as maenads. Olaf Metzel used plaster casts of medallions by Thorwaldsen for this, and worked them over. Thorwaldsen's medallions are copies of Hellenistic reliefs in their turn.

Olaf Metzel's works, as different as they otherwise are, have one thing in common, and that is attentiveness and sensitivity to the spaces they are intended for, or more precisely, the temporality of these spaces. They develop from that. This applies to the public works and to the »private« ones – but this is a difference that ultimately does not exist for Olaf Metzel, as everything has its moment in history that cannot be repeated. So the »oak-leaf study« in the ambience of the Jenischhaus in Hamburg is a highly sarcastic attack on the ahistorical plaster syncretism of the 19th-century bourgeois interior.

A work with plaster copies here too. But the constellation is a quite different one. The plaster casts of Greek maenads are part of the 19th century's aesthetic flotsam. But a cast like this, the Gradiva, hung above Freud's desk, and we are aware of the obsessive significance that »la ninfa« had for Aby Warburg, a figure by Ghirlandaio modelled on a Hellenistic relief. To Warburg, she becomes the model for the *Nachleben* of antiquity. In the designs for the Menemosyne Atlas, Warburg places »la ninfa« alongside maenads holding a dagger, Judith with the head of Holofernes, Medusa – variants of something he is examining as the continuation of a pathos formula. Maenads, muses, nymphs are unreliable, ambiguous figures, cultural flotsam with an incalculable subversive potential.

When one enters the covered walk from the west, the six medallions appear as a time sequence: the first female figure is almost completely covered by the plaster that has been applied, in which falling folds of fabric can be seen. She is followed by a figure with a raised veil, presenting herself, because of the little shells she is dancing on, as an ironic variant on Botticelli's Venus Anadyomene, similarly to the third female figure, for whom the fans replace the winds that are drying Venus. The ecstatic dance of the maenads comes to its conclusion under the crown corks, in the fumes of a beer garden.

Form emerging from the unformed, parody of the Birth of Venus, ecstatic maenads and beery conflict, times and stylistic levels are mingling here. In addition to this we have the modifications of Thorwaldsen's reliefs, partly by taking plaster away, partly by adding it, and by incisions using a cutting disc. These are processes that Olaf Metzel uses in other work as well. In the »oak-leaf study« these interventions reveal the fragility and banality of a tradition that hides behind the non-reality of the beautiful form. It is possible to work differently with a cutting disc: the incisions into the medallions follow, almost lovingly, one would like to say, the movement of the women's figures. The incisions into the third medallion appear like the breeze created by the fans, the incisions into the dancing Maenads mark the ecstatic movements. Into the destruction of the frame and the beautiful form, the incision blends as a touch that goes beneath the surface. Olaf Metzel: »Every beginning is an act of destruction, one has to destroy what one loves in order to begin.«

Man is a animal that can start. He is born into a culture that makes him possible; he has to destroy in order to begin and to be able to live.

So it is possible to see Olaf Metzel's incisions as an act of destruction that actually indicates a beginning, parting, distinguishing – and they would be in respect of crafting what the birth of Venus tells us as a myth.

Following these thoughts, one approaches the fabric of processes, relationships and ideas that is Fritz Barth's house.

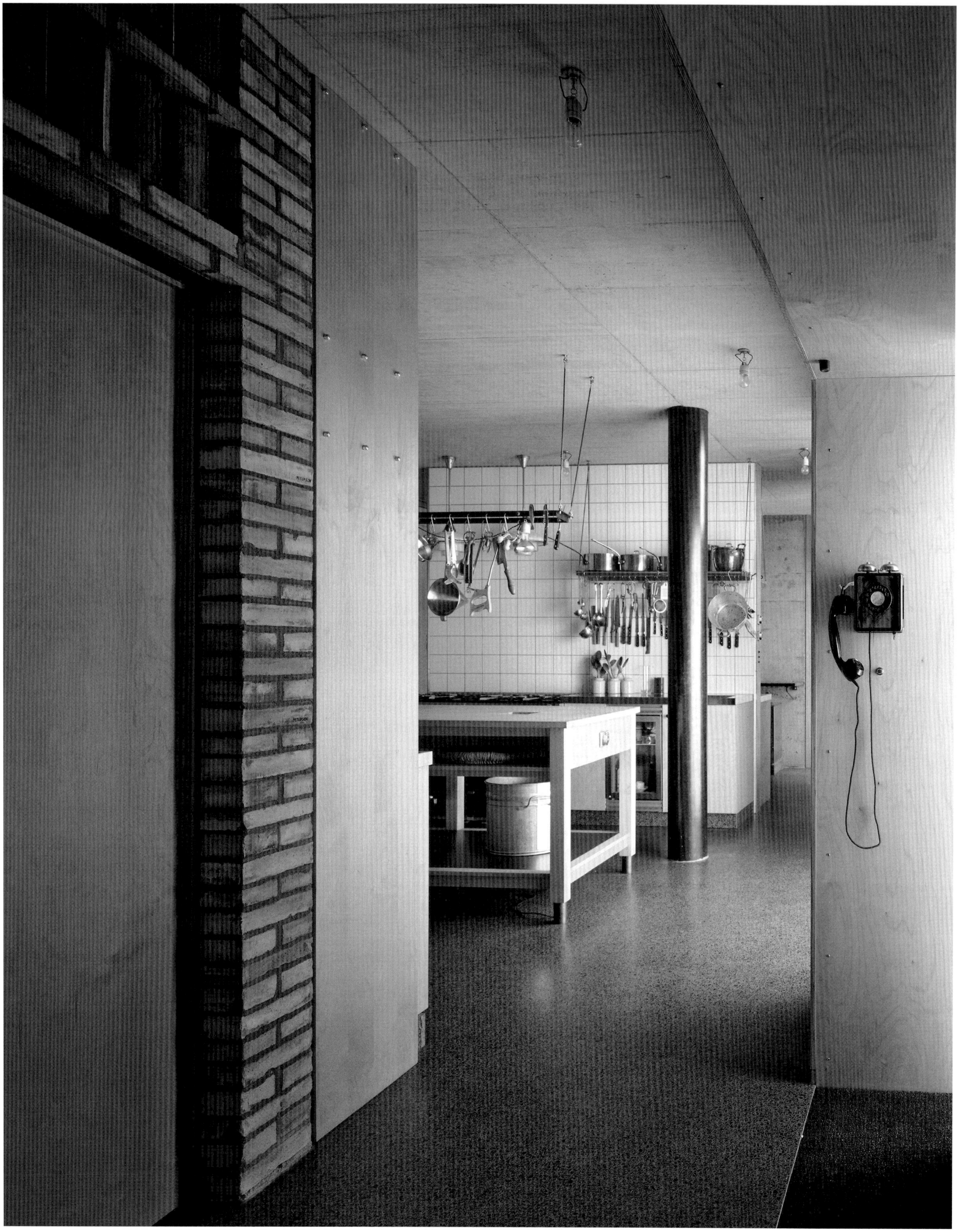

FAY-VIT

KARL VALENTIN
KOSMOS

THE GRAMMAR OF ORNAMENT OWEN JONES
DAS EISEN WERK
DOMUS ALPINA
SKIRA
KÜNSTLER ZEICHNEN
SAMMLER STIFTEN

Ein Experiment in die andere Richtung. Fritz Barth im Gespräch mit Amber Sayah

Herr Barth, warum haben Sie dieses Haus gebaut? Unbehaust waren Sie zuvor ja nicht.

Zuvor war es ein eher provisorischer Zustand. Das Haus, in dem ich früher wohnte, war das erste, das ich gebaut habe. Da war ich gerade mit dem Studium fertig und zog ein mit der Absicht, nach drei oder vier Jahren wieder auszuziehen. Ich blieb dann fünfundzwanzig Jahre dort ...

... wie das Provisorien so an sich haben.

Ich habe mich dort sehr wohl gefühlt, fand dann aber, daß jetzt der richtige Zeitpunkt wäre, wenn ich etwas für mich bauen wollte. Diesen Plan hatte ich lange vor mir hergeschoben, weil ich immer dachte, meine Lebensverhältnisse seien nur vorläufig.

Heute sind Lebensverhältnisse doch immer vorläufig.

Genau, diese Erkenntnis reifte dann auch in mir. Darum dachte ich, warum noch länger warten. Im Grunde hat mir das Vorläufige des früheren Zustands zugesagt, weil es im Prinzip alle Möglichkeiten offenließ. Trotzdem wollte ich einen Schnitt machen und nicht für etwas Intendiertes planen, sondern genau für meine Lebensverhältnisse zu dem Zeitpunkt, als ich mich entschloß, zu bauen.

Das Grundstück, auf dem Ihr Haus nun steht, war keine zufällige Wahl. Früher befand sich hier die Zimmerei Ihres Großvaters und Vaters.

Ich hatte das eigentlich immer vor. Ich würde nicht einmal sagen, daß ich mich entschieden habe, hier zu bauen, sondern ich war es einfach gewohnt, an dieses Grundstück zu denken. Seit ich zwölf Jahre alt war, habe ich Entwürfe für dieses Grundstück gemacht. Immer ging es dabei auch um eine Wohnung für mich. Meist waren es größere Projekte, aber aus all dem wurde nichts. Zuletzt gab es ein größeres Wohnbauprojekt mit einem eventuell später zu bauenden Wohnhaus für mich, auch daraus wurde nichts. Daher habe ich dann schließlich bloß den zweiten Bauabschnitt gebaut.

Aus dem Gesagten geht ja schon hervor, daß der Zuschnitt des Grundstücks alle möglichen Nutzungen und alle möglichen Grundrisse zugelassen hätte. Die extreme Form Ihres Hauses, der lange, schmale Grundriß ist nicht zwingend vorgegeben.

Ich wollte immer ein langes, schmales Haus. Le Corbusiers Vorstellung vom Eisenbahnwaggon hat mir immer gefallen. Ich habe eine ganze Reihe von Phantasieentwürfen gemacht, die eine gewisse Ähnlichkeit mit diesem Haus haben. Hier wird die Form durch die Grenzbaulast mit dem Nachbarn auf der Südseite bestimmt, so daß es nahelag, auf die Grenze zu bauen. Nun ist Planung ja immer ein langwieriger Prozeß, in den sich zum Teil frühere Überlegungen einschreiben, deren Grund man längst vergessen hat. Daher habe ich, als der Entwurf fertig war, probeweise ein komplett neues Gebäude an einer anderen Stelle des Grundstücks geplant. Auch das war nicht schlecht, aber letztlich gefiel mir der erste Entwurf deutlich besser.

Ein Pendant hat das Haus in der kleinen Wandelhalle im Garten. Es wirkt wie ein architektonisches Echo des Wohngebäudes. Warum diese Doppelung der Grundrißform?

Der Späneturm aus den Zeiten der Zimmerei war schon da ... und ich mag Spänetürme. Vor vielen Jahren hatte ich ein Grundstück in Fellbach, auf dem sich der Betrieb meines Vaters in späteren Jahren befand. Den Turm dort, der aus Beton ist, hat sich ein Mitarbeiter als Diplomarbeit zu einer Wohnung umgebaut. An diesem hier hat mir das Mauerwerk gefallen, diese etwas merkwürdige Form, außerdem stellt er noch eine Erinnerung an die Vergangenheit dieses Quartiers dar. Nach 1900 gab es in Fellbach eine lange Straße von der Kirche bis zum Bahnhof, von der sich die Stadt nach Osten und Westen ausgebreitet hat. Da ist in den zwanziger Jahren das ganze Gewerbe angesiedelt worden. Wenn man auf einem Grundstück baut, das man so lange kennt, geht es auch um Rekonstruktionsversuche, darum, Situationen der Kindheit zu rekonstruieren. Es lag gar nicht unbedingt in meiner Absicht, ich merke nur, daß es stattgefunden hat – mehr in der Betrachtung als beim Entwurf.

Und dieser Späneturm war der Anlaß für die Wandelhalle?

Ja, man konnte ihn nicht so nackt und bloß dort stehenlassen. Daher wollte ich ihm eine Fassung geben. Es ging aber auch um die Fassung des Außenraums. Die Wandelhalle wiederholt ziemlich genau die Geometrie des Gebäudes, dreht sie in einer ziemlich komplizierten mathematischen Operation um, spiegelt sie, projiziert sie und so weiter. Daraus ergeben sich für den Raum zwischen Wohngebäude und Wandelhalle perspektivische Linien, die auseinanderlaufen und wieder zusammen – also eine ganz leichte Fassung des Raumes, ein leichtes Umschließen. Wenn man richtig hochgreifen will, könnte man sagen, wie bei Borromini beim Oratorio dei Filippini, das mich immer sehr fasziniert hat. Was für ein kleines Relief ausreicht, was für flache Winkel ausreichen, damit man das Gefühl hat, man sei umschlossen! Man kann das nicht direkt vergleichen, aber tatsächlich geht es um das Öffnen und um das Schließen, um eine Verlängerung und Verkürzung der Perspektive, je nachdem, wo man steht. Daneben hat es mich gereizt, hier etwas hinzustellen, was im Maßstab ein bißchen zu klein ist – wie die palladianischen Brücken in den englischen Gärten im frühen 18. Jahrhundert, die auch immer halb so groß sind, wie sie eigentlich sein sollten. Dieses Arbeiten mit einer leichten maßstäblichen Irritation reizt mich sehr, denn ich glaube, daß es einem Betrachter ermöglicht, nicht ganz passiv zu bleiben. Die Irritation scheint mir ein wesentlicher Teil bei der Betrachtung von Architektur zu sein. Soane zum Beispiel macht etwas Ähnliches, die Dinge bei ihm sind immer ein bißchen kleiner, als man sie erwartet. Ich weiß nicht, ob er es mit Absicht so gemacht hat, vielleicht auch nur, weil er verhältnismäßig klein war.

... so wie Le Corbusier verhältnismäßig dünn war und deswegen so schmale Gänge in seinen Häusern für ausreichend hielt.

Man kann nicht nur einen einzigen Grund für die Wandelhalle nennen. Entscheidend ist auch das Verhältnis des Gebäudes zur umgebenden Bebauung. Wenn der Säulengang nicht da wäre, wäre die Grundstücksgrenze relativ nackt. So aber gibt es mehrere Schichten: Es gibt die Wandelhalle, dann die Wand meines alten Büros dahinter und dahinter die Nachbarhäuser. Das ist ein bißchen wie in japanischen Gärten, in denen irgendwo eine Wand gebaut wird, um die entfernte Landschaft zu einem Teil des Gartens zu machen. Tatsächlich löst die Wandelhalle die Grundstücksgrenzen auf. Zudem unterteilt sie den Garten in ein Davor und Dahinter. So ergeben sich unterschiedlichste Gänge und unterschiedlichste Blicke, auch ganz unterschiedliche Qualitäten der Raumwahrnehmung. Es ist immer spannender, wenn man nicht alles auf einen Blick erfaßt. Teile des Gartens sind wirklich so angelegt, daß man sie nicht sofort und vor allem nicht zugleich sieht. Auch bei der Villa Lante gibt es keinen Punkt, von dem aus man alles sehen kann.

Ein jüngerer Berufskollege von Ihnen hat im Zusammenhang mit diesem Haus gesagt: »Privathäuser bringen die Architektur weiter.« Sie selbst haben es einmal als experimentelles Haus bezeichnet. Aber futuristisch ist es gar nicht. Wie ist das Experimentelle also zu verstehen?

Es handelt sich um den Versuch, auszuloten, was sich heute in der Architektur noch machen läßt, nicht, was sich schon machen läßt. Es ist ein Experiment in die andere Richtung. Es ist eine sentimentale Angelegenheit, wie vieles hier sentimental ist. Denke ich an meine Kindheit zurück, als ich anfing, mich mit Architektur auseinanderzusetzen, gab es eine Zukunftsgläubigkeit, die mir längst abhanden gekommen ist. Die Entwicklung der Architektur der letzten Jahre empfinde ich mehr als Verlust denn als Zugewinn. Das ist eine Haltung, die ich früher verachtet hätte. Die neuen Errungenschaften der Architektur scheinen mir vergleichsweise belanglos, verglichen mit den Qualitäten, die verlorengegangen sind.

An Ihrem Haus fällt auf, daß es neben seinem reinen Gebrauchswert als Wohnhaus eine weitere Dimension hat: eine Dimension der Zitate und Verweise. Wer wird hier zitiert und was?

Zitiert wird vieles und vergleichsweise wahllos. Es wird zitiert, ohne daß ein Programm in diesen Zitaten enthalten wäre. Es ist einfach ein Bekenntnis zu bestimmten Dingen, die ich mag, und zu bestimmten Architekten, die für mich wichtig waren. Es geht quer durch die Architektur des 20. Jahrhunderts, zitiert werden Le Corbusier und Lutyens zum Beispiel, oder Aalto und Lewerentz. In diesem Zitieren liegt allerdings auch eine gewisse Form von Ironie, es ist nicht so furchtbar ernstgemeint. Aber die Ironie ist nicht offensichtlich, so wie die Zitate selbst ja auch nicht offensichtlich sein sollen.

Allerdings gibt es verschiedene Ebenen der Anspielungen und Verweise: einerseits die architekturgeschichtlichen Zitate, daneben aber auch eine Reihe von Zitaten aus der Barthschen Privatmythologie, etwa die Eingangstür oder die Kacheln in der Küche, die eigentlich Bilder von Kacheln sind, oder die Fensterläden der Holzfassade, die sich auf bestimmte Filme beziehen, die für Sie eine Rolle gespielt haben. Wie verbinden sich diese Ebenen?

Es gibt in der Art des Zitierens keinen großen Unterschied. Le Corbusier war der Held meiner Jugend, insofern geht es zum einen schon um Architektur, zum andern aber auch um mein Verhältnis zur Architektur. Das Haus ist darum ein Abbild von mir, in mir fällt das alles zusammen ...

Plakativer ausgedrückt: Das Haus ist eine Art persönliche Quintessenz.

Diese unterschiedlichen Ebenen werden wirklich durch etwas Sentimentales zusammengehalten. Le Corbusier erinnert mich ebenso an Vergangenes wie die Fliesen in der Küche, die mich an meine frühere Frau erinnern, oder die Eingangstür, die sich hier auf dem Grundstück in einem Haus befand, das meine Eltern einmal für sich gebaut haben. Es war auch bequem, sie zu verwenden, denn sonst hätte ich mir eine ausdenken müssen, und Türen sind schon sehr symbolisch aufgeladene Elemente. Insofern ist es auch ein kleines Versteckspiel. Ich habe praktisch alles in diesem Haus bestimmt, die Dinge zum Teil auch selber gemacht. Daher fand ich es schön, gerade an diesem signifikanten Punkt, der Eingangstür, wo sich alles mögliche kondensiert und zusammenläuft, etwas Gefundenes zu verwenden, was aber wiederum in Beziehung zu mir steht und eine Beziehung zu dem ganz konkreten Ort hier hat.

Bei der Wahl der Materialien spielt Holz eine besondere Rolle. Es sind aber auch andere Materialien im Spiel. Wie hat sich dieser Kanon gebildet?

Wenn ich sage, das Holz hängt mit der Familiengeschichte zusammen, dann stimmt es nicht so ganz. Es ist

An experiment in the other direction. Fritz Barth in conversation with Amber Sayah

Herr Barth, why did you build this house? You weren't homeless previously.

Previously was rather more of a temporary state of affairs. The house I used to live in was the first one I built. I had just graduated and moved in intending to move out again three or four years later. I then stayed there for twenty-five years ...

... a typical temporary state of affairs.

I felt very comfortable there, but then found that now would be the right time if I wanted to build something for myself. I'd kept putting this plan off because I always thought the conditions I was living in were provisional.

But conditions are always provisional today.

Exactly, I was coming to that point of view as well. That's why I thought, why wait any longer. Essentially the provisional quality of my previous conditions suited me because in principle I still had all my options open. Even so, I wanted to make a break and not plan for something intended for the future, but to suit my living conditions exactly as they were at the time I decided to build.

The plot your house now stands on was not a random choice. This is where your father's and grandfather's carpentry workshop used to be.

Actually I'd always intended that. I wouldn't even say that I decided to build here, as I had simply got used to thinking about this plot. I'd been creating designs for this plot ever since I was twelve. It was always about a home for me. Usually they were big projects, but nothing came of all that. Last of all there was a large housing project with a home for me that might possibly be built later as a second section, but nothing came of that either. That is why I just built the second section.

It's already clear from what you have said that the shape of this plot would have admitted every possible use and every possible ground plan. The extreme form taken by your house, the long, narrow ground plan is not obligatory.

I always wanted a long, narrow house. Le Corbusier's idea of a railway carriage always appealed to me. I did a whole series of fantasy designs that were similar to this house to a certain extent. Here the shape is determined by the obligation to build on my neighbour's boundary on the south side. Planning is always a long-winded process, maintaining relics of earlier ideas whose reasons are long since forgotten. So when the design was finished I tried out planning a completely new building on a different part of the plot. That was not bad either, but ultimately I liked the first design a lot better.

The house has a counterpart in the little covered walk in the garden. It looks like an architectural echo to the house. Why did you double the ground plan up like this?

The sawdust silo from the days of the carpentry workshop was already there ... and I like sawdust silos. Many years ago I had a plot in Fellbach where my father's business used to be in later years. A colleague converted the silo there, which is made of concrete, into his home, as a diploma project. I liked the masonry in this one here, this somewhat unusual shape, and besides it is a reminder of this district's past. After 1900 there was a long road in Fellbach running from the church to the station, from which the town spread out to the east and the west. All the commerce was sited there in the 1920s. When you build on a plot that you have known for so long it is also about attempting reconstruction, about reconstructing situations from your childhood. I certainly did not intend it to happen, I've just noticed that it did happen – more when considering things later than in the design process.

And it was this sawdust silo that prompted the little covered walk?

Yes, it could not be left there all naked and exposed. So I wanted to give it a setting. It was also about a setting for the outside space. The covered walk repeats the geometry of the house fairly precisely, turns it round in a fairly complicated mathematical operation, reflects it, projects it and so on. This results in perspective lines for the space between the covered walk and the house that run apart and then come together again – in other words a very light setting for the space, a light enclosure. If you want to go a bit over the top, you could say like Borromini's Oratorio dei Filippini, which has always fascinated me. What little relief, what shallow angles can make you feel you are enclosed! You can't make a direct comparison, but in fact it is about opening and closing, about lengthening and shortening the perspectives according to where you are standing. I was also attracted by the idea of putting something here that is on slightly too small a scale – like the Palladian bridges in early 18th-century English gardens, which are always half the size they really should be. Working with a slight disturbance in terms of scale attracts me a great deal, as it makes it possible for viewers not to remain entirely passive. Disturbance seems to me to be an essential element of looking at architecture. Soane, for example does something similar, in his work things are always a little smaller than expected. I don't know whether he did it intentionally, perhaps it is just because he was relatively small.

... just as Le Corbusier was relatively thin and so thought that such narrows corridors were adequate in his buildings.

It is not possible to pin down any single reason for the covered walk. The way it relates to the surrounding buildings is also crucial. If the covered walk was not there the plot would be relatively bare. But now there are various layers. There is the covered walk, then there is the wall of my old office behind it and behind that the neighbouring buildings. It is a little like a Japanese garden where a wall is built somewhere in order to make the distant landscape part of the garden. In fact the covered walk dissolves the boundaries of the plot. It also divides the garden into front and back. This produces a whole variety of routes and different views, and also quite different qualities in terms of perceiving space. It is always more exciting if you can't see everything at once. Parts of the garden really are laid out that you can't see everything at once, and above all not at the same time. There isn't a point from which you can see everything at the Villa Lante either.

A younger professional colleague of yours said in the context of this house: »Private houses move architecture further on.« You once called it an experimental building yourself. But it is no at all futuristic. So how is the experimental aspect to be understood?

It is about the attempt to explore what still can be done in architecture today than what can already be done. It is an experiment in the other direction. It is a sentimental matter, as much here is sentimental. If I think back to my childhood, when I started to address architecture, there was a belief in the future that I have long since lost. I feel that the way architecture has developed in recent years has been more of a loss than a gain. This is an attitude that I would have despised earlier. Architecture's new qualities seem comparatively insignificant to me, compared with the qualities that have been lost.

One striking feature of your house is that it has another dimension as well as its pure usefulness as a home: a dimension of quotations and references. Who and what is being quoted here?

A great deal is being quoted, and comparatively randomly. Quotations are being made without following any particular programme. It is simply a committed tribute to certain things that I like, and to certain architects who were important to me. It goes straight through 20th-century architecture. Le Corbusier and Lutyens are quoted, for example, or Aalto and Lewerentz. There is also a certain kind of irony in this quoting, it is not meant terribly seriously. But the irony is not obvious, just as the quotations themselves are not intended to be obvious.

Though there are certain planes of allusion and reference: on the one hand the quotations from architectural history, but then also a series of quotations from Barth's private mythology, for example the front door or the tiles in the kitchen, which are actually pictures of tiles, or the window shutters on the timber façade, which relate to certain films that have been important to you. How do these places come together?

There is no great difference in the nature of the quotations. Le Corbusier was the hero of my youth, so on the one hand it is about architecture, but also about my relationship with architecture. So the house is an image of me, it all comes together in me ...

Put boldly, the house is a kind of personal quintessence.

These different planes really are held together by something sentimental. Le Corbusier reminds me of something that has passed, just like the tiles in the kitchen, which remind me of my former wife, or the front door, which was in a house here on the plot that my parents once built for themselves. It was also convenient to use it, because otherwise I would have had to think one up for myself, and doors are always elements with a high symbolic charge. In that respect it is a little game of hide-and-seek as well. I decided upon practically everything in this house, and made some of the things myself. So I thought it was a good idea to use something found at this significant point, the front door, where many things condense and come together, but something that also relates to me and has a connection with this quite concrete location.

Wood plays a special part in the choice of materials. But there are other materials in play as well. How did this canon come into being?

If I say that wood fits in with family history, that is not quite right. It was not love of wood that led me to architecture. When I started with architecture, wood was a material that would not have come to mind. But wood opens up possibilities of constructing that do not seem to be contained in other materials. It is also about weathering, wood has a very particular way of ageing. I think that the way architecture is perceived is associated with hierarchy and in this context with the idea of mass and weight as well. Within this hierarchy there is a link between weight and weightiness that is significant for the interpretation of architecture. You can do things with wood that look as light and also as thin as scarcely any other material. And alongside this hierarchy it is also about precise work with atmospheric qualities.

Normally the hierarchy of weights is structured vertically: at the bottom the heavy base, in masonry or concrete, and then a light timber structure. But in your building the order

nicht die Liebe zum Holz, die mich zur Architektur trieb. Als ich mit der Architektur anfing, war Holz ein Material, das mir nicht in den Sinn gekommen wäre. Aber Holz eröffnet konstruktive Möglichkeiten, die mir in anderen Materialien nicht vorhanden zu sein scheinen. Es hängt auch mit der Verwitterung zusammen, es hat eine bestimmte Art zu altern. Die Wahrnehmung von Architektur hat, wie ich glaube, mit Hierarchie und in diesem Zusammenhang auch mit der Vorstellung von Masse und Gewicht zu tun. Es gibt in dieser Hierarchie einen Zusammenhang zwischen Gewicht und Gewichtigkeit, der Bedeutung hat für die Interpretation von Architektur. Mit Holz kann man Dinge machen, die so leicht und auch so dünn erscheinen wie mit kaum einem anderen Material. Und neben dem Spiel mit der Hierarchie geht es ja auch um eine präzise Arbeit mit Atmosphärischem.

Normalerweise ist die Hierarchie der Gewichte vertikal aufgebaut: unten der schwere Sockel, gemauert oder betoniert, und darauf der leichte Aufbau aus Holz. Bei Ihrem Haus ist es eine horizontale Ordnung. Die langgestreckte, leichte, hölzerne Mitte wird eingefaßt von zwei massiven Kopfbauten.

Ja, es geht um das Einspannen. Es geht auch um die Länge des Baus und wie man sie wahrnimmt. Borromini hat die sehr langestreckte Fassade des Palazzo di Propaganda Fide als eine Art Relief aufgefaßt, an dem man entlanggeht. Diese Möglichkeit, daß ein Gebäude so in einer eigentümlichen zeitlichen Dimension erfahren wird, wurde mir hier zum ersten Mal richtig deutlich, bei diesem extremen Relief in einer sehr engen Straße. Es ist nicht besonders tief, aber es wirkt extrem. Man kann in der Achse stehen, dann sieht man aber nichts. Man kann das Gebäude immer nur längs ansehen. Obwohl die Symmetrie die Form konstituiert, spielt sie doch keine Rolle bei der Wahrnehmung. Die Erfahrung ist wirklich die eines Ein- und Ausschwingens, an dem man vorbeiläuft. Ein ferner Nachhall dieses Reliefs ist die Fassade meines Hauses.

Das starke Relief zeigt sich hier nicht nur an der Abwicklung des Baukörpers, sondern auch an der Fassade mit den Klappläden.

Die Holzfassade hat wiederum eine andere Art von Relief. Sie ist im Erdgeschoß anders als in den Stockwerken darüber. Oben ist sie glatt und regelmäßig, während das Erdgeschoß sehr differenziert erscheint: Der Eingangsteil beispielsweise springt vor, dann kommt der große verglaste Teil, dann gibt es unterschiedliche geschlossene Teile. Das verglaste Erdgeschoß entwickelt sich allmählich aus der geschlossenen Fassade an der Cannstatter Straße und wird dann als unabhängiges Band in den massiven Teil weitergezogen. Konstruktiv etwas waghalsig und alles andere als konsequent ist der Punkt am Übergang, wo die verputzte Wand anfängt. Das stimmt hinten und vorne nicht. Es ist aber nicht zufällig so geworden. Es ist zwar die Folge eines Konflikts, daß an dieser Stelle Sand ins Getriebe gestreut wird, so daß die ganze Folgerichtigkeit nicht mehr aufgeht. Aber es ist mir nicht unterlaufen, sondern es hat mir gut gefallen, hier einen Punkt zu haben, an dem es nicht aufgeht, wenn man genau hinschaut.

Eine andere Besonderheit des Hauses sind die Proportionen. Einerseits die pointiert wechselnden Raumhöhen, Raumtiefen und Raumlängen. Andererseits die Verunklärung von Proportionen, die sich beispielsweise an der Fassade mit den Holzläden zeigt. Sie haben mal gesagt – ich nehme an, das war ein Zitat –, in den Proportionen kommt man Gottes Idee von der Welt auf die Schliche. Ich vermute aber, daß der göttliche Bauplan hier nicht das einzige Bezugssystem ist.

Wenn es ein Zitat ist, dann habe ich mich hier selber zitiert. Das ist ja eine Idee seit Pythagoras, daß man die göttliche Weltordnung anhand der harmonischen Proportionen erkennen kann. Man hatte die naive und rührende Idee, daß die ganze Welt nach Maß und Zahl geordnet sei. Proportionssysteme waren keine ästhetische Spielerei, sondern ein Weg der Weltaneignung, um sich diesem Chaos gegenüber nicht ganz hilflos zu fühlen. Es ging darum, die Welt zu ergründen und die göttliche Fügung der Welt im Experiment der Architektur nachzuvollziehen. In der Neuzeit geht das verloren, schon weil die Wissenschaft bestimmte Fortschritte macht. Nun sind solche Proportionssysteme das Erbe aus einer Zeit, die noch an sie glauben konnte. Was Le Corbusier dagegen für ein Teufel ritt ... bei ihm ist es eine Art Selbstentgrenzung. Le Corbusier als Historist mit dem Modulor, der sicher auch pragmatisch zu rechtfertigen ist, aber diese Hybris, mit einem Proportionssystem die ganze Welt gestalten zu wollen, ist doch eigentlich die genaue Umkehrung der ursprünglichen Idee, daß die Bildung der Welt in der Proportion zu finden sei. Das Modulor-Thema hat mich in meiner Jugend sehr interessiert. Nicht daß ich an Proportionen glaube, aber es ist ein schönes Spiel, die Dinge so zu machen, daß sie auch noch einen kleinen, verschlüsselten Pseudo-Sinn enthalten. Es ist ein Vergnügen.

Für dieses Haus existiert jedenfalls diese geheime Proportionslehre.

Es gibt mehrere Dinge, die sich lustig machen über die Proportionssysteme, sie zugleich aber anwenden. Zum Beispiel ist mein Arbeitsraum tatsächlich nach Modulormaß gebaut, was interessanterweise dazu führt, daß viele Leute die Proportionen als besonders schön empfinden. Irgendetwas scheint also doch dran zu sein ... Im Arbeitsraum sind es die Innenmaße. Bei dem Kopfbau an der Cannstatter Straße sind es die Außenmaße. Proportionssysteme funktionieren tatsächlich nur unter der Prämisse, daß die Wände eine Dicke von Null haben, sonst stimmen die Maße entweder innen oder außen nicht. Bei Palladio zum Beispiel weichen seine eigenen Bauten sehr stark von seinem Proportionssystem ab, nicht zuletzt aus diesem Grund. Das ist etwas, was mir zunehmend gefällt an diesen Proportionssystemen: daß sie nämlich gerade nicht aufgehen.

Insofern sind sie vielleicht doch ein Spiegel der Welt.

Ja genau, daran sieht man, daß man der Ordnung der Welt eben nicht auf die Schliche kommt. Wenn es denn einen Weltenbauer gibt, einen Demiurgen, dann macht er sich darin über uns lustig.

Ihre Lust an Zitaten und Bezugssystemen, an Spielen und Versteckspielen stempelt Sie zum Eklektizisten. Ist das ein Etikett, das Sie akzeptieren?

Dazu bekenne ich mich sofort. Ich suche meine Vorbilder wahllos aus. Was mir gefällt, das verleibe ich mir ein. Dabei interessiert es mich nicht, ob Melnikows Architektur vielleicht Ausdruck einer politischen Überzeugung war. Ich muß die Überzeugung nicht übernehmen. Auch an der Barockkirche interessiert mich nicht, daß sie vielleicht Ausdruck einer tiefen Frömmigkeit ist.

Ihnen sind nur die Formen wichtig?

Ja, auch der professionelle Aspekt der Architektur und das unmittelbare Architekturerlebnis. Das Spirituelle ist mir, ehrlich gesagt, Wurst. Ich habe mich eine Zeitlang intensiv mit Vignola auseinandergesetzt. Er steht am Ende der Renaissance und des Manierismus und stellt sich als erster Architekt außerhalb ihrer lebendigen Tradition. Die Tradition der Renaissance und die Tradition der Gegenbewegung sind für Vignola abgeschlossen. Er kann sich aller Elemente bedienen, die in der Renaissance entstanden sind, ohne daß er sich wie etwa Giulio Romano mit einem wütenden Pathos gegen etwas stellen müßte. Er hat einfach alles zur Verfügung, und er ist ganz professionell. Es ist keine Ideologie, kein Bekenntnis. Nun möchte ich mich nicht mit Vignola auf eine Stufe stellen, aber in dieser Weise steht mir das Repertoire des 20. Jahrhunderts zur Verfügung. Die Architektur, mit der ich sozialisiert wurde, war noch ideologisch geprägt. Lutyens zum Beispiel verachtete man, Le Corbusier fand man toll. Meine Zuneigung zum einen ist so groß wie zum anderen, ich muß mich auf keine Seite schlagen. Doch mit all dieser Bezogenheit auf die Auseinandersetzungen des vergangenen Jahrhunderts finde ich mich plötzlich in einem etwas irritierenden Historismus wieder. Wichtig ist mir jedoch etwas anderes, wichtig ist, daß man eine Architektur für das Hier und Jetzt macht, in der man das Gefühl hat, am richtigen Ort zu sein.

Ihre letzte eklektizistische Anwandlung hatte die Architektur der Moderne in der Postmoderne. Nicht weit von hier steht James Stirlings Staatsgalerie, ein Hauptwerk dieser Richtung. Auch dort wimmelt es von Zitaten und Anspielungen. Ihr Haus ist aber ganz gewiß nicht postmodern. Worin unterscheidet sich Ihr Eklektizismus von dem der Postmoderne?

Ich bin nicht so plakativ. Bei mir ist es mehr eine Einverleibung und Amalgamierung. Das Haus ist ja keineswegs auf heftige Kontraste oder Effekte angelegt. Es ist, so hoffe ich, einigermaßen rund. Die Postmoderne war ja im Grunde weniger eklektizistisch als eine ideologische manieristische Gegenbewegung zum Kanon der Moderne.

Sie sagen, Ihre Architektur sei bei allem Eklektizismus rund. Ist es Ihnen wichtig, daß andere Leute diese Dimension der Anspielungen und Zitate entschlüsseln können?

Nein, das spielt für die Wahrnehmung keine Rolle. Mit einer Architektur, die ohne diese Entschlüsselung nicht funktionieren würde, möchte ich nichts zu tun haben. Insofern ist es mir nicht wichtig.

Sind Sie denn gar nicht eitel?

Doch, natürlich. Ich will zeigen, was ich kann, gleichzeitig will ich es verbergen, und genau in diesem Verbergen steckt natürlich die Eitelkeit, weil man erkannt und bewundert werden möchte. Wozu ich mich freimütig bekenne, ist die Architektur als unmittelbare Erfahrung. Eine Architektur, die man schlichtweg als angenehm empfindet. Wo man sich wohl fühlt und nicht dauernd an Architektur denken muß. Eine Freundin meines Sohnes hat bei ihrem ersten Besuch gesagt, man habe hier gar nicht das Gefühl, in einem neuen Haus zu sein. Das empfand ich als ein großartiges Kompliment.

is horizontal. The long, light timber centre is framed by two solid structures.

Yes, it is about fixing in place. It is also about the length of the building and how it is perceived. Borromini structured the very long façade of the Palazzo di Propaganda Fide as a kind of relief that you walk along. This possibility of experiencing a building in this way in a strange temporal dimension became clear to me for the first time here, in the form of this extreme relief in a very narrow street. It is not particularly deep, but it appears extreme. You can stand on the axis, but then you can't see anything. You can only look at the building longitudinally. Although its form is constituted by symmetry, that symmetry plays no part in the way in which it is perceived. The experience really is one of a swinging in and out that you walk past. The façade of my house is a faint echo of this relief.

The strong relief shows here not just in the handling of the building, but also on the façade, in the form of the folding shutters.

The timber façade has another kind of relief in its turn. It is different on the ground floor from the floors above it. At the top it is smooth and regular, while the ground floor looks very differentiated. The entrance section, for example, protrudes, then comes the large glazed section, and then there are different closed sections. The glazed ground floor develops gradually from the closed façade in Cannstatter Straße and is then continued as an independent band in the solid section. Something that is structurally somewhat reckless and anything but consistent is the point at the transition where the rendered wall begins. This is not correct at all. But it didn't turn out like that by chance. It is certainly because of a conflict that a spanner is thrown into the works at this point, with the result that the whole logic no longer adds up. But it did not just creep in, I was pleased to have a point here where things do not add up if you look carefully.

The proportions are another special feature of the building. One the one hand we have the markedly changing room heights, room depths and room lengths. On the other hand there is the blurring of proportions that can be seen on the façade with the wooden shutters, for example. You once said – I assume it was a quotation – that in the proportions you discover God's idea of the world. But I imagine that the divine building plan is not the only reference system here.

If it is a quotation, then I was quoting myself here. But the idea that we can recognize the divine world order in harmonious proportions has been around ever since Pythagoras. People had the naïve and touching idea that the whole world was ordered by scale and number. Proportion systems were not aesthetic games, but a means of taking possession of the world, in order not to feel helpless in the face of all this chaos. It was about fathoming out the world and understanding the divine order of the world in recreating it in the experiment of architecture. This gets lost in modern times, simply because science made a certain amount of progress. Now such proportion systems are a heritage from a time that could still believe in them. Whatever may have driven Le Corbusier ... for him it is a kind of self-delimitation. Le Corbusier as a historicist with the Modulor, which certainly can be justified pragmatically, but this hubris of wanting to design the whole world with a proportion system is actually the precise opposite of the original idea that the way the world was formed was to be found in proportion. I was very much taken by the Modulor theme in my youth. Not that I believe in proportions, but it is an enjoyable game to do things in such a way that they still contain a small, coded pseudo-meaning. It is a pleasure.

This secret proportion theory does exist for this house.

There are several things that make fun of proportion systems while using them at the same time. For example, my workroom actually is built to Modulor proportions, which interestingly means that many people find the proportions particularly beautiful. So there seems to be something in it after all ... In the workroom it is the internal dimensions. In the section fronting Canstatter Straße it is the external proportions. Proportion systems actually work only under the premise that the walls are of zero thickness, otherwise the dimensions do not work either inside or outside. In the case of Palladio, for example, his buildings deviate very greatly from his proportion system, not least for this reason. This is something that increasingly pleases me about these proportion systems: that they actually do not work out.

In this respect they do perhaps reflect the world.

Yes, precisely, it shows you that you cannot quite track down the order of the world. If there is a builder of the world, a demiurge, he is making fun of us about this.

The pleasure you take in quotations and reference systems in games and hide-and-seek, marks you out as eclectic. Is that a label you can accept?

I accept it immediately. I choose my models randomly. I assimilate things that please me. I am not interested in whether Melnikow's architecture perhaps expresses a political conviction. I do not have to adopt that conviction. I am also not interested in the fact that a Baroque church might express profound piety.

Only the forms are important to you?

Yes, and also the professional aspect of architecture and the direct experience of architecture. To be quite frank, I couldn't care less about spiritual issues. I made an intensive study of Vignola for a time. He comes at the end of the Renaissance and Mannerism and is the first architect to place himself outside their living tradition. For Vignola, the Renaissance tradition and the tradition of its countermovement are finished. He can use all the elements that came into being in the Renaissance without feeling that he has to take a stand against something with furious emotion, like Giulio Romano, for example. He simply has everything at his disposal, and he is completely professional. It is not an ideology, not a creed. Now I would not like to place myself at the same level as Vignola, but the 20th-century repertoire is at my disposal in this way. The architecture with which I was socialized still had an ideological imprint. Lutyens, for example was despised, Le Corbusier was considered bodacious. My inclination towards the one is as great as towards the other, I do not have to take sides. But with all these connections to the conflicts of the last century I suddenly find myself in a somewhat disturbing historicism. But something else is important to me, it is important to make architecture for the here and now, in which you feel you are in the right place.

Modernist architecture underwent its last eclectic appearance in Postmodernism. James Stirling's Staatsgalerie is not far from here, a major work from this movement. It too is teeming with quotations and allusions. But your house is certainly not Postmodern. What is the difference between your eclecticism and that of Postmodernism?

I am not so bold. In my case it is more that I assimilate and amalgamate. The house is by no committed to violent contrasts or effects. It is, I hope, mellow to a certain extent. Essentially Postmodernism was not so much eclectic as an ideological Mannerist counter-movement to the canon of Modernism.

You say your architecture is mellow despite all its eclecticism. Is it important to you that other people should be able to decipher this dimension of the allusions and quotations?

No, that really doesn't matter in terms of perception. I would not want to have anything to do with architecture that wouldn't work without this deciphering process. In that respect it is not important for me.

So are you not vain at all?

Yes, naturally. I want to show what I can do, at the same time I want to conceal it, and it is precisely this concealment that contains the vanity, because one wants to be recognized and admired. What I commit myself to is architecture as a direct experience. Architecture that you simply find pleasant. Where you feel content and don't keep having to think about architecture. One of my son's girlfriends said on her first visit that you didn't feel you were in a new house here. I took that as a wonderful compliment.

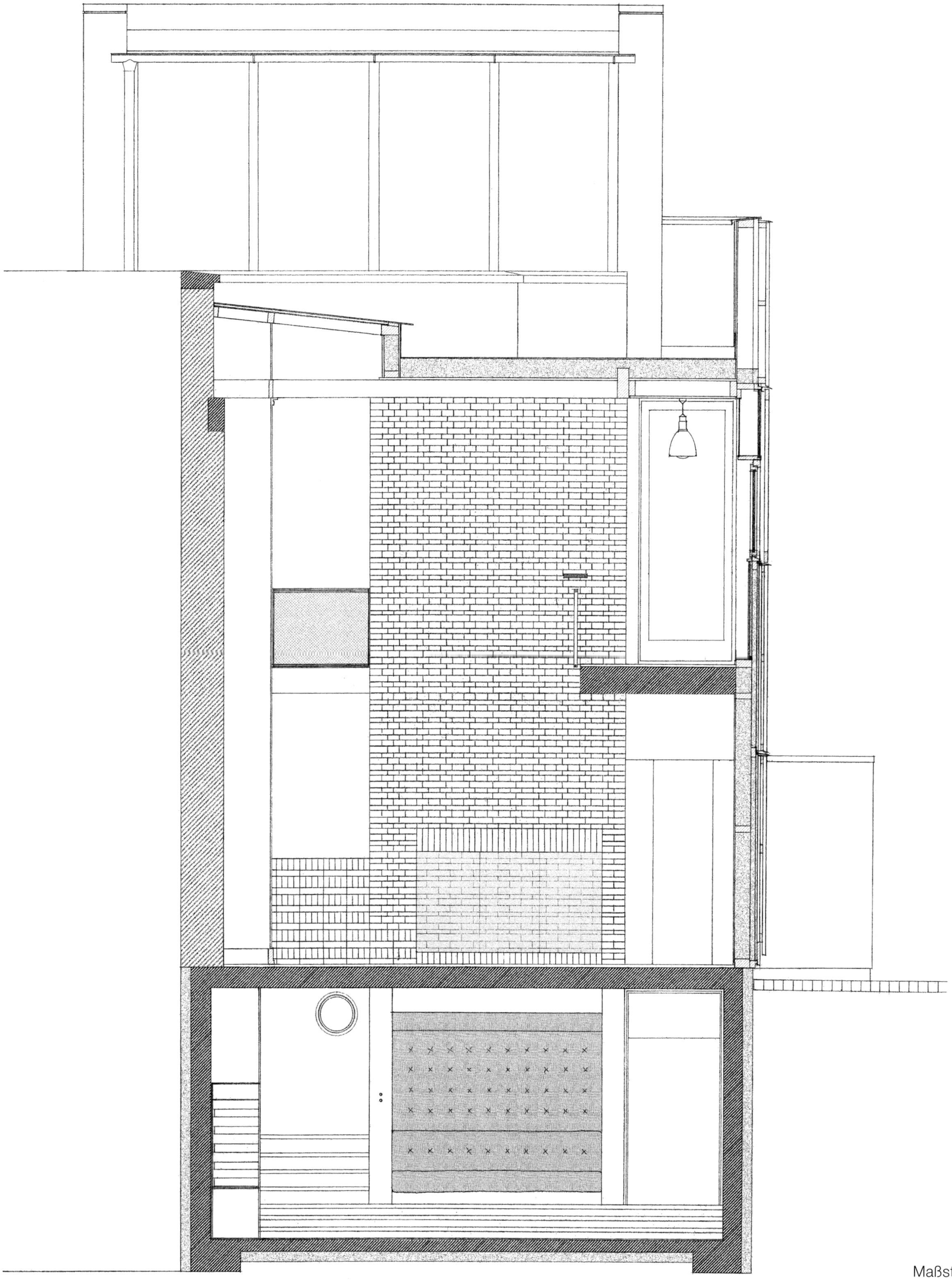

Maßstab / Scale 1:50

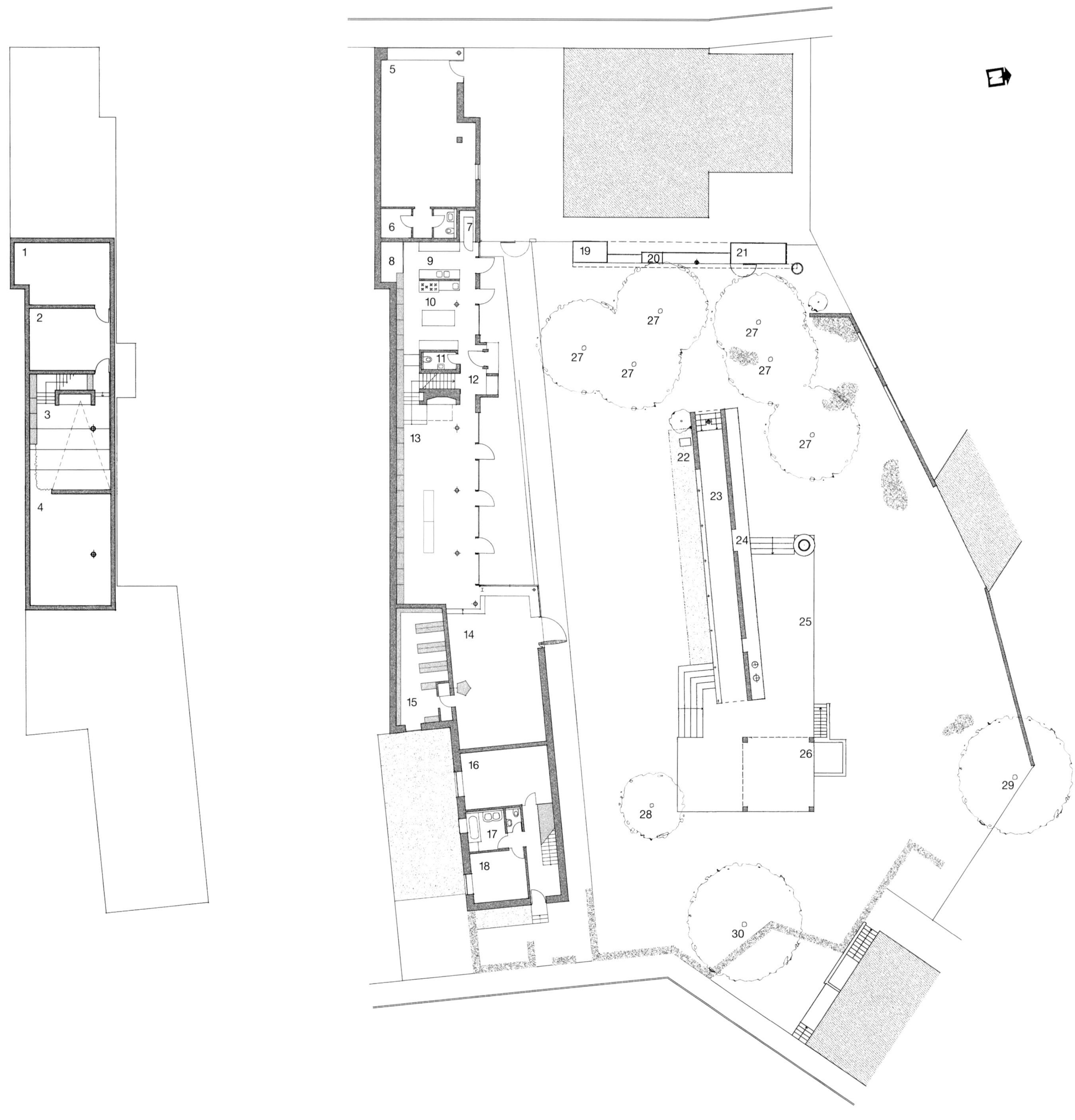
1
2
3
4
5
6
7
8
9
10
11
12
13
14
15
16
17
18
19
20
21
22
23
24
25
26
27
28
29
30

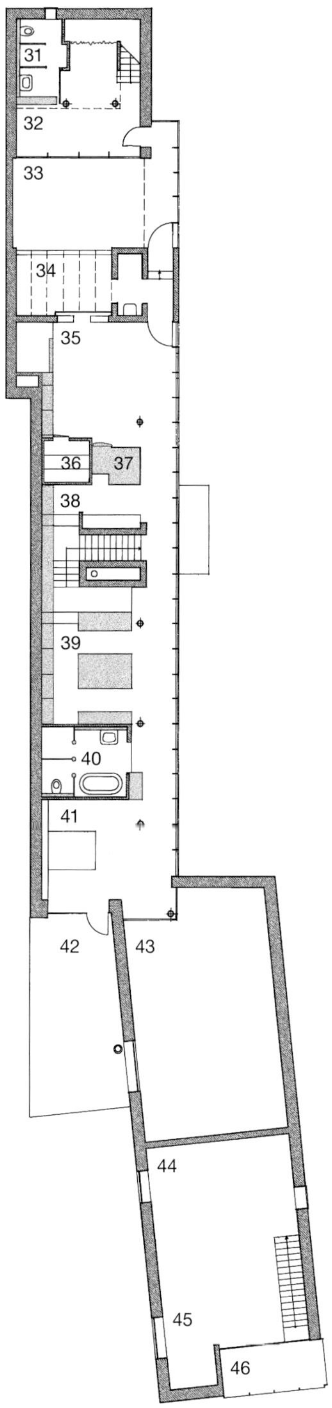

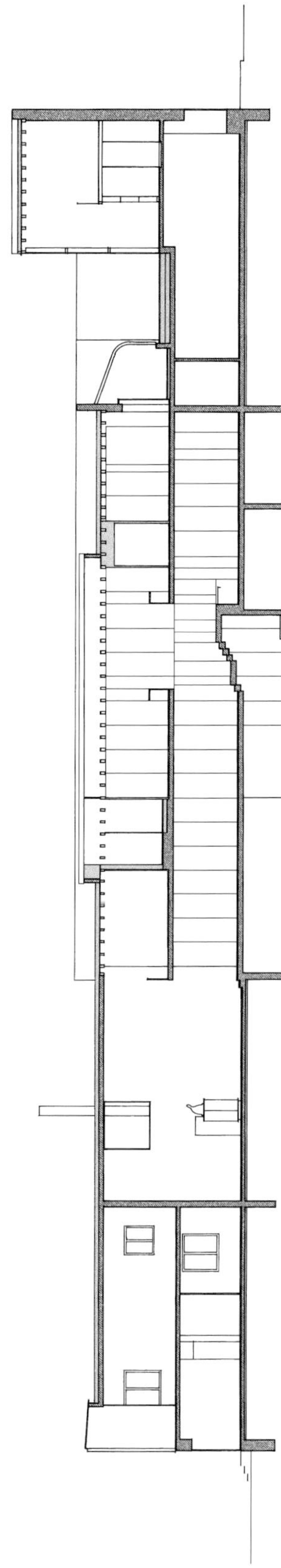

Untergeschoß / Basement

1 Technikraum / Services
2 Wäscheraum / Laundry
3 Kino / Cinema
4 Abstellraum / Storage

Erdgeschoß / Ground floor

5 Laden / Shop
6 Abstellraum / Storage
7 Speisekammer / Larder
8 Abstellraum / Storage
9 Spülküche / Scullery
10 Küche / Kitchen
11 WC / Toilet
12 Eingang, Garderobe / Entrance, cloakroom
13 Eßzimmer / Dining room
14 Arbeitszimmer / Study
15 Bibliothek / Library
16 Schlafzimmer / Bedroom
17 Bad / Bathroom
18 Zimmer / Room
19 Fahrräder / Bicycles
20 Brennholz / Firewood
21 Gartengeräte / Garden tools
22 Staudenbeet / Perennial border
23 Wandelhalle / Covered walk
24 Wasserbecken / Water basin
25 Terrasse / Terrace
26 ehemaliges Spänesilo / former sawdust silo
27 Birke / Birch
28 Taschentuchbaum / Davidia
29 Kirschbaum / Cherry tree
30 Platane / Plane

Obergeschoß / Upper floor

31 Bad / Bathroom
32 Wohnbereich / Living space
33 Innenhof / Courtyard
34 Glashaus / Glass house
35 Fitnessraum / Gym
36 Sauna / Sauna
37 Abstellraum / Storage
38 Hauswirtschaftsraum / Utility room
39 Schrankraum / Dressing room
40 Bad / Bathroom
41 Schlafzimmer / Bedroom
42 Terrasse / Terrace
43 Luftraum / Void
44 Küche / Kitchen
45 Wohnraum / Living room
46 Wintergarten / Winter garden

Maßstab / Scale 1:300

Wohnhaus Barth
Cannstatter Straße 84.1
70734 Fellbach

2006–2009

Architekt / Architect
Fritz Barth

Mitarbeiter / Assistant
Philipp Janak

Bauleitung / Site management
Peter Hoffmeister

Tragwerksplanung / Structural engineering
Dieter Seibold

Energie- und Klimakonzept; Gebäudetechnik / Energy and climatic conception; technical equipment
TRANSPLAN Technik-Bauplanung GmbH – Helmut Meier, Eckehart Ulmer

Gartenplanung / Landscaping
Fritz Barth, Benjamin Dietrich